WITHDRAWN

¡OSOS SALVAJES!

EL OSO PARDO

Por Jason y Jody Stone
Fotografías por Tom y Pat Leeson

BLACKBIRCH®
PRESS

THOMSON

GALE

San Diego • Detroit • New York • San Francisco • Cleveland • New Haven, Conn. • Waterville, Maine • London • Munich

LIBRARY OF CONGRESS CATALOGING-IN-PUBLICATION DATA

Stone, Jason, 1972-
 [Grizzly bear. Spanish]
 El oso pardo / by Jason y Jody Stone.
   p. cm. — (Osos salvajes!)
Summary: Describes the physical appearance, habits, hunting and mating behaviors, family life, and life cycle of the grizzly bear.
Includes bibliographical references and index.
 ISBN 1-41030-000-5 (hardback : alk. paper)
 1. Grizzly bear—Juvenile literature. [1. Grizzly bear. 2. Bears. 3. Spanish language materials.] I. Stone, Jody, 1975- II. Title. III. Series: Wild bears!

QL737.C27 S726818 2003
599.784—dc21   2002015921

Printed in United States
10 9 8 7 6 5 4 3 2 1

Contenido

Introducción

De todas las especies de osos en nuestro planeta, los osos pardos son los más comunes porque viven en muchas regiones de la tierra. Se cree que hay entre 125,000 y 150,000 osos pardos salvajes. La mayoría vive en Norte América, Asia y Europa.

En Norte América, los osos pardos tienen su hábitat en las montañas, praderas y playas de Canadá, Alaska y algunas áreas de Idaho, Montana y Wyoming. Pero desde el siglo XIX, la población de osos pardos en Norte América se ha reducido a la mitad y hoy sólo quedan unos 45,000 de estos animales.

El territorio del oso pardo

Océano Ártico

Europa

Asia

América del Norte

Océano Atlántico

Océano Pacífico

África

Océano Pacífico

América del Sur

Océano Índico

Australia

CLAVE
Territorio del oso pardo

El oso pardo Norteamericano también conocido como oso Grizzly, no es la única especie de oso que habita Norte América. El oso polar vive en el Ártico, mucho más al norte del territorio del oso pardo. El oso negro y el oso pardo comparten territorios, pero tienen diferentes hábitats. El oso negro merodea los bosques, mientras que el oso pardo prefiere las áreas abiertas, como praderas y llanuras alpinas.

En Norte América, el oso pardo prefiere las praderas y otras áreas abiertas cerca de las montañas.

5

El cuerpo del oso pardo

El oso pardo tiene cuerpo robusto, patas cortas, orejas pequeñas y cola corta.

Algunos machos llegan a pesar más de 1,000 libras (454 kilos), pero la mayoría pesan entre 300 y 400 libras (136 a 181 kilos). Los machos miden aproximadamente 3.5 pies (1 metro) hasta los hombros, y miden 7 pies (2 metros) de largo. Los machos son dos veces más grandes que las hembras.

El oso pardo recibe su nombre del color de su pelo, generalmente pardo o rubio. Sin embargo, la punta de cada pelo tiene un ligero color gris. Por este tono grisáceo en el manto, a este oso también se le llama Grizzly, que significa pelo gris.

Izquierda: Parado en dos patas, el macho puede medir más de 7 pies (2 metros).
Lado opuesto: Una joroba en los hombros y garras muy largas son dos de los rasgos que caracterizan al oso pardo.

El cuerpo del oso pardo es similar al del oso negro. Pero aparte de la coloración, hay tres rasgos que distinguen a un oso pardo del oso negro. El oso pardo tiene una joroba visible entre los hombros, cara redonda y garras muy largas. Esa joroba entre los hombros es, en realidad, una enorme masa muscular que le da gran fuerza en los brazos. El oso pardo usa esta fuerza —junto con sus garras— para desenterrar raíces y bulbos para comer. Especialmente en la primavera y principios del verano, un oso pardo puede, en un solo día, remover acres de tierra buscando brotes nuevos y raíces.

7

Rasgos especiales

El oso pardo tiene un agudo sentido del olfato. Lo usa para detectar peligros y encontrar comida. Puede oler bayas y carne en descomposición a millas de distancia. ¡Incluso puede oler comida enterrada bajo tierra o nieve!

El oso pardo nada para capturar peces.

Las garras del oso pardo miden de 4 a 5 pulgadas (10 a 12 centímetros) de largo —el doble de largas que las del oso negro. A diferencia del oso negro, que usa sus garras para trepar árboles, el oso pardo las usa para remover la tierra. El truco preferido de este oso es encontrar ardillas de tierra y sacarlas de sus madrigueras. El oso pardo también usa sus garras para agarrar objetos —incluso cosas tan pequeñas como bayas—, que recoge y come en el otoño.

Arriba y a la derecha: El oso pardo usa su agudo sentido del olfato para encontrar comida y detectar peligros.

Aunque el oso pardo prefiere usar su nariz para encontrar comida e identificar lo que le rodea, también oye y ve muy bien. Su sentido del oído es mejor que el de las personas. ¡El oso pardo puede detectar la voz humana a más de 0.25 millas (0.4 kilómetros)!

Vida social

La mayoría de los osos pardos viven solos. Un oso necesita mucha comida y reclama una zona que le provea de comida suficiente. Una vez que la encuentra, allí vive, caza y cría a sus cachorros. Esta zona se llama territorio. El oso pardo se mantiene en su territorio para evitar peleas con otros osos. Ocasionalmente, cuando un área tiene comida de sobra, los osos pardos se juntan para comer. En Alaska y Canadá, donde el salmón todavía sobrevive en gran número, los osos pardos se reúnen en los ríos para pescar.

Izquierda: Cuando hay comida de sobra, los osos pardos comparten un área.
Lado opuesto: Cuando la comida escasea, el oso pardo pelea para defender su territorio.

Cuando dos osos se encuentran, usan lenguaje corporal para dar a entender si van a atacar o van a tolerar la presencia del otro oso. Un oso que se siente amenazado usualmente baja la cabeza y las orejas y se coloca cara a cara con el otro oso. Si el oso quiere pelear también puede dar gruñidos y bufidos.

Hibernación

Como es difícil encontrar comida durante el invierno, algunos osos tienen la increíble capacidad de hibernar (estar inactivo o en un estado de descanso). El oso pardo hiberna de 5 a 7 meses hasta que llega la primavera. Antes de hibernar, el oso pasa mucho tiempo comiendo para almacenar suficiente grasa que le permita sobrevivir muchos meses sin comer.

El invierno significa escasez de comida.

Antes de hibernar, el oso descansa y come mucho para prepararse para el invierno que se avecina.

A fines del otoño, los osos pardos deben encontrar un lugar donde hibernar. A menudo cavan una madriguera entre las raíces de un árbol o bajo una roca grande. A veces usan cuevas naturales. Cuando un oso hiberna, su temperatura corporal baja y sobrevive gracias a la grasa corporal almacenada.

Alimentación

"Hambriento como un oso", describe al oso pardo. Para mantener su gran tamaño y fuerza, el oso pardo necesita alimentarse constantemente. El oso pardo es omnívoro, porque come carne y plantas. La temporada y la disponibilidad de comida en su territorio determina lo que come. El oso pardo encuentra plantas comestibles como bayas, pasto y raíces en las praderas de su territorio.

Abajo: Plantas, bayas y raíces forman parte de la dieta del oso pardo.
Lado opuesto (recuadro): El oso pardo es un pescador excepcional e incluso encuentra almejas en la playa.

Los osos que viven cerca de arroyos y ríos en la parte occidental de Canadá y Alaska pescan. En verano y otoño, cuando los salmones regresan a desovar (poner huevos), los osos los atrapan con su boca o garras. Los osos que viven en la costa ¡incluso desentierran almejas para comérselas!

El oso pardo caza insectos y animales pequeños bajo las rocas o dentro de leños y tocones de árboles.

En la primavera, el oso pardo a menudo caza animales pequeños porque son fáciles de atrapar. Su agudo olfato le ayuda a encontrar animales muertos. Después de matar un animal, el oso lo entierra, hace guardia y sólo come cuando no hay peligro. El oso pardo también come insectos y larvas que encuentra al romper ramas y tocones de árboles en descomposición.

El oso pardo: Sus características

¿Qué distingue al oso pardo de los demás osos? He aquí algunas de las cualidades especiales de estos poderosos animales.

Cómo identificar a un oso pardo:

Hay cuatro rasgos físicos que caracterizan al oso pardo:

1. **Joroba muscular:** Una gran joroba de músculo entre los hombros le permite extraordinaria fuerza en los brazos.
2. **Cara Redonda:** El oso pardo tiene cara redonda, con una parte hundida entre la nariz y los ojos.
3. **Garras Muy Largas:** Sus garras son más largas que las del oso negro.
4. **Pecho Oscuro:** Muchos osos negros tienen coloración clara en el pecho y los osos pardos no.

Más acerca del oso pardo:

- El oso pardo es el carnívoro terrestre más grande de Norteamérica.
- En el otoño, tratando de ganar peso antes de hibernar, un oso pardo come hasta 200,000 bayas en un solo día.
- El oso pardo tiene un agudo olfato y algunos pueden oler bayas o animales a más de una milla de distancia.
- Si un oso se para en sus patas traseras no va a atacar —lo hace para ver mejor lo que hay alrededor y captar los olores en el aire.
- El oso pardo es increíblemente rápido para su tamaño. Un oso de 600 libras (272 kilos) puede correr tan rápido como un caballo.

Razones para su Protección:

- Antes de la llegada de los europeos a lo que es hoy los Estados Unidos, había aproximadamente 50,000 osos pardos salvajes. Hoy se estima que hay sólo 1,000 osos pardos en los 48 estados contiguos.
- Los humanos causan la muerte de muchos osos y son la principal causa de la baja en la población.
- En 1975, el oso pardo americano entró en la lista de Especies en Peligro de Extinción.

Apareamiento

La temporada de apareamiento es a fines de la primavera.

Los osos pardos se aparean a fines de mayo o principios de junio. Una hembra se aparea cuando tiene 4 años o más. Cuando una hembra está lista para aparearse, el macho la localiza por su olor. A veces, más de dos machos se acercan a la hembra. El más pequeño se va si un oso más grande quiere aparearse con la hembra. Si dos osos de igual tamaño y fuerza quieren a la hembra, se pelean. El oso que gana se aparea con la hembra.

Usualmente, los osos pardos viven solos. Hembras y machos se juntan sólo cuando es temporada de apareamiento.

Los óvulos de la hembra se fertilizan con el apareamiento, pero no se implantan en el útero inmediatamente después. Primero, la osa prepara su cuerpo para hibernar. Si la osa encuentra comida y almacena suficiente grasa, puede tener hasta 3 crías. Si no encuentra suficiente comida, la osa no queda preñada. Al acercarse el invierno, la osa entra en su madriguera. Si está preñada, las crías nacen en 8 semanas.

Oseznos

Las crías del oso pardo nacen ciegas e indefensas. Al nacer pesan de 20 a 25 onzas (600 a 700 gramos). Mientras están en la madriguera, los oseznos se alimentan de leche materna, que es rica en grasa y les ayuda a engordar rápidamente. En la primavera, salen de la madriguera y pueden seguir a su madre.

El primer año de vida es muy peligroso para los oseznos. De hecho, 35 por ciento muere el primer año. Dependen totalmente de su madre para protegerlos de lobos hambrientos y gatos monteses. La madre también debe encontrar suficiente comida para que sus crías no mueran de hambre. Los oseznos aprenden a defenderse y a encontrar comida observando la conducta de su madre cada día.

Izquierda, arriba y abajo: La madre debe trabajar duro para alimentar a los oseznos y protegerlos.

Los oseznos también aprenden jugando. Juegan con palos, rocas y sus hermanos. Al jugar, los oseznos aprenden a tener equilibrio, coordinación y precisión de movimientos. El juego también los hace más fuertes y veloces.

Los oseznos viven con su madre 2 o 3 años. Las hembras pasan la mayor parte de su vida cuidando crías. La osa parda cuida a los oseznos sin ayuda del macho. Cuando la hembra está lista para aparearse de nuevo, hace que sus cachorros se alejen a buscar su propio territorio. Deben buscar una zona con buenas fuentes de comida que no sea territorio de otro oso pardo adulto.

Arriba y abajo: El juego ayuda a que los oseznos aprendan habilidades cruciales para su supervivencia.

El oso pardo y el hombre

Hace menos de 200 años, los osos pardos eran comunes en toda Norte América. Desde entonces, los humanos invadieron el hábitat del oso pardo disminuyendo las áreas naturales donde éste cazaba y criaba a sus oseznos. Algunos osos atacaban el ganado de ranchos cercanos y los rancheros empezaron a eliminarlos.

En 1975, el Servicio de Pesca y Vida Silvestre de Estados Unidos declaró al oso pardo una especie en peligro de extinción en los 48 estados contiguos. Con el establecimiento de reglas rigurosas de protección a esta especie, el oso pardo ha empezado a resurgir en Norte América.

Los humanos siguen invadiendo el hábitat del oso pardo.

En los Parques Nacionales es posible ver osos pardos.

Los Parques Nacionales de Norte América son cruciales para la supervivencia del oso pardo. Vastas áreas naturales en Estados Unidos (los Parques Nacionales de Yellowstone, Glacier y Denali) y Canadá (los Parques Banff y Jasper) permiten que el oso pardo se desenvuelva libremente. Para que el oso pardo sobreviva, los humanos deben preservar estas áreas naturales.

Datos sobre el Oso Pardo

Nombre: Oso pardo

Nombre científico: Ursus arctos

Altura de hombros: $3-3\frac{1}{2}$ pies (91–107 centímetros)

Largo corporal: 6–7 pies (183–213 centímetros)

Peso: 325–850 libras (147–385 kilos)

Color: Pardo claro a oscuro, o rubio, con tonos grisáceos

Madurez sexual: A los 3 años

Reproducción: Las hembras se aparean cada 3 años

Gestación (preñez): Aproximadamente 8 meses (el desarrollo sólo empieza en el quinto mes)

Tamaño de la camada: 1 a 4 oseznos (usualmente 2)

Vida social: Vive solo, los oseznos viven con la madre; hembras y machos se encuentran para aparearse.

Comida preferida: Lo que el oso pueda encontrar.

Hábitat: Casi cualquier lugar en Norte América donde encuentre comida repetidamente.

GLOSARIO

extinto Que ya no vive en ningún lugar de la Tierra, extinguido para siempre.

grisáceo Color gris.

hibernar Cuando el oso se queda en su madriguera durante el invierno sin comer, beber ni ir al baño.

madriguera Lugar donde el oso pasa el invierno.

territorio Zona donde el oso pasa la mayor parte de su tiempo buscando comida

PARA MÁS INFORMACIÓN

Libros

Bright, Michael. *Bears and Pandas* (Nature Watch). New York, NY: Lorenz Books, 2000.

Parker, Janice. *Grizzly Bears* (Untamed World). New York, NY: Raintree/Steck-Vaughn, 2000.

Stonehouse, Bernard. Martin Camm (Illustrator). Richard Orr (Illustrator). *A Visual Introduction to Bears* (Animal Watch Series). New York, NY: Checkmark Books, 1998.

Video

Grisan: *The North American Grizzly Bear.* Stoney-Wolf Productions, Inc., 1998.

Página Web

La Madriguera del Oso

Aprende sobre diferentes especies de osos. Conexiones a una sección especial para niños— *www.nature-net.com/bears*

ÍNDICE